토끼풀 수채화

토끼풀 수채화

| 김 향 기 | 제 2 시조집 |

하나로선
사상과문학사

시인의 말

주위의 모든 사물, 상황에는 시詩가 있다
전지적全知的 시점視點가진 시인의 특권으로
추상적, 관념적인 것을 주관적으로 바꾼다

한정된 자수字數의 시어詩語를 함축含蓄하고
상상력을 발휘하여 양념하고 조리해도
때로는 맹탕이라서 좌절하기 십상이다

나름대로 정성들여 차려놓은 밥상에서
맛을 보고 공감하는 반응에 힘입어서
담대히 용기를 내어 또 다른 상床차린다

민족의 정형시定型詩를 고집한 지 삼십 년
미숙한 시집詩集을 선보인 지 어언 삼 년
감사를 고명으로 얹어 두 번째 상 차린다

2023년 여름
하늘 아래 가장 편안한 곳에서

차례

시인의 말 | 5

1부 ·
봄에는 볼 것이 많아 봄이다

토끼풀 수채화 | 13

봄바람 | 14

봄날은 간다 | 15

봄까치꽃 | 16

빠끔살이 | 17

3.1절에 오는 봄 | 18

4월, 꽃이 피는 이유 | 19

5월, 산에서 | 20

금지선 | 21

딸기 | 22

제비꽃 | 23

덩굴손 | 24

미세먼지 나쁨 | 25

탱자 꽃 | 26

벚꽃은 벗꽃이다 | 27

산딸나무 | 28

고창 청보리밭에서 | 29

배꼽 | 30

함박꽃 | 31

봄에는 볼 것이 많아 봄이다 | 32

2부 · 여름날의 능소화

달맞이꽃 | 35

궁남지의 연꽃 | 36

모심을 무렵 | 37

분꽃 | 38

참나리 | 39

소라게 | 40

꽃무늬 | 41

구경꾼 | 42

소돌 해변에서 | 43

엉겅퀴 | 44

칼국수의 추억 | 45

장마에 핀 꽃 | 46

7월은 | 47

폭염, 그리고 추모일 | 48

강남역 현자賢者 | 49

여름날의 능소화 | 50

소나기 내리고 | 51

칠석날의 추억 | 52

해당화 | 53

후크선장 | 54

3부 · 가을이 저만치 가네

가을 노을 | 57

가을을 타다 | 58

가을이 저만치 가네 | 59

데칼코마니 | 60

꽃무릇 1 | 61

꽃무릇 2 | 62

선운사의 감나무 | 63

선운산의 가을 | 64

노마드 | 65

감나무 | 66

인생의 부호 2 | 67

석류 | 68

간짓대 | 69

종갓집 은행나무 | 70

갈 숲에 부는 바람 | 71

국화 | 72

마음의 거리 | 73

충청도식 여유 | 74

충청도식 거래 | 75

동림 저수지의 가창오리 | 76

4부 · 겨울에 눈이 오는 이유

겨울에 눈이 오는 이유 | 79

겨울, 태조산에서 | 80

고드름 | 81

그해 겨울 1 | 82

그해 겨울 2 - IMF | 83

그해 겨울 3 - 종달새의 아침 | 84

COVID 19 - 변이되는 관문 | 85

COVID 19 - 마스크 단상斷想 | 86

COVID 19 - 응급실에서 | 89

COVID 19 체험 1 | 90

COVID 19 체험 2 | 91

나이가 든다는 것은 | 92

나이테 | 93

붕어빵 | 94

삶의 흔적 | 95

새해는 | 96

알고리즘 | 97

종합병원의 겨울 | 98

첫눈 | 99

첫 휴가 그리고 폭설 | 100

5부 · 바람의 언덕에서

바람의 언덕에서 ｜ 107

곰소항에서 ｜ 108

채석강에서 ｜ 109

영월에서 1 – 한반도 지형에서 ｜ 110

영월에서 2 – 청령포의 관음송 ｜ 111

영월에서 3 – 김삿갓을 만나다 ｜ 112

신두리에서 ｜ 113

안면도 1 – 꽃지해변에서 ｜ 114

안면도 2 – '대하랑 꽃게랑' 다리에서 ｜ 115

울산 정자항에서 ｜ 116

수원역에서 ｜ 117

백제를 만나다 1 – 공산성에서 ｜ 118

백제를 만나다 2 – 무령왕릉에서 ｜ 119

공세리의 봄 ｜ 120

시니피에 1 ｜ 121

시니피에 2 ｜ 122

시니피에 3 ｜ 123

시니피에 4 ｜ 124

필리핀 1 – 화산 먼지 신호 ｜ 125

필리핀 2 – 길 없는 길을 가다 ｜ 126

에필로그 (epilogue) ｜ 130

1부

봄에는... 72.7×53cm watercolor on paper

봄에는 볼 것이 많아 봄이다

토끼풀 수채화
- 아들 부부의 결혼 선물로 수채화를 그리며

돌 많은 묵정밭이나 척박한 땅에서도
강한 뿌리 뻗어가는 토끼풀의 속성 닮아
대대로 생육하여서 번성하길 바랐다

토끼풀꽃 위에는 꿀벌 한 쌍 데려왔다
부부가 꿀벌처럼 열심히 재물 모아
이웃을 도와주고도 남을 풍요 의미 담았다

우연이 아니라 노력의 필연으로
풀숲에 숨겨둔 네 이파리 행운이
때마다 하는 일마다 넘쳐나길 빌었다

토끼풀 수채화 53.7×40.9 cm watercolor on paper

봄바람

봄바람이 햇살을 방안으로 실어 올까
베란다의 가슴을 활짝 열어 젖혔더니
안방의 여닫이문도 열어 달라 흔든다

방문을 열어주자 맨발로 들어와서
겨우내 구석마다 묵혀둔 눅눅함을
돌돌돌 감아내어서 창밖으로 버린다

침대에 펼쳐 놓은 이부자리 위에는
산과 들을 지나온 바람의 자취 속에
분홍빛 어린 봄날이 진달래꽃 피웠다

봄날은 간다

창궐하는 역병으로 꽃들도 우울한데
지방선거 출마자의 끝없는 문자와 전화
봄 가뭄 황사 먼지만 관심 밖에 자욱했다

바람에 꼬여있는 현수막의 글씨에는
누구는 전과 몇 범
누구는 음주운전
비방이 싸늘하여도 따사로운 봄 햇살

밤새운 개표방송 그 결과에 따라서
누구는 꽃을 받고
누구는 꽃이 지고
전염병 앓는 봄에도 열꽃 많이 피었다

봄까치꽃

따사로운 종려주일 교회 앞 잔디밭에
작은 입 크게 벌려 봄소식을 알리는 꽃
이름을 알고 싶어서 전문가에게 물었다

열매가 두 개씩 쌍을 이룬 모양이
개 불알을 닮았다고 '개불알꽃'이란다
민망한 이름 부르기 그렇다고 답 한다

일제 때 등록하며 '개~'가 붙은 이름 많아
요즘은 '봄까치꽃'이라 부르기로 했다니
일찍이 봄을 알리는 꽃에 맞는 대우다

십자가 지고 가던 예수 얼굴 닦아준
베로니카의 수건에 예수 얼굴 그려졌듯
학명은 '베로니카 복사꽃'이라고 부른다

유럽에서 귀화하여 남부지방에 자라다가
지구의 온난화로 중부지방까지 달려와서
그 꽃말 '기쁜 소식'을 전해주어 고맙다

빠끔살이*
- 고창읍 죽림리 고인돌 유적지에서

고인돌 유적지에서 깨어나는 어느 봄날
청동기 시대 움집에서 소년이 달려 나와
한달음 화시봉* 너머 어린 기억 좇는다

들일에서 막 돌아온 지아비를 위하여
너럭바위에 밥상 차린 소녀와의 빠끔살이
민무늬 토기조각에 눈웃음이 고봉이다

그 아이 떠나간 움집 마당 풀이 나고
고인들 그 바위도 방구들로 조각나서
어느 집 아랫목에서 화석으로 굳었다

* 빠끔살이 : '소꿉놀이'의 전라도 방언
* 화시봉 : 고인돌을 채취하던 뒷산의 산봉우리 중에서 가장 높은 봉우리

3.1절에 오는 봄

한반도의 새봄은 3.1절에 열린다
기미년의 힘찬 함성 언 땅을 뚫고 나와
새 풀잎 '대한독립만세' 높이 쳐든 저 팔들

잔설 속에 눈 녹은 숨구멍 뚫고 나와
꽃대에 솜털 두른 노루귀, 바람꽃도
그 날의 태극기 닮은 꽃을 높이 올린다

3.1절에 맞는 봄은 기쁨보다 슬픔 앞서
잊지 말라 깨우치려 꽃샘추위 가끔 와도
얼굴에 부딪는 햇살, 함성으로 따스하다

4월, 꽃이 피는 이유

겨우내 동토 속에 숨어 있던 열정이
나목의 물관 타고 하늘 위로 오르다가
더 이상 갈 수 없어서 터져나온 상처들

꿀벌들 그곳을 부지런히 치료하여
아물어 흩날리는 천지간의 상처딱지
사람들 꽃비 맞으며 하늘 향해 고개 든다

상처가 아문 곳에 봉곳이 돋는 새살
새살은 그곳에서 열매로 자라면서
햇살과 바람을 모아 속을 꼭꼭 채운다

5월, 산에서

산위에 올라서면 눈도 귀도 열린다
춤추며 노래하는 미물이며 초목들

낮달도
길을 멈추고
귀를 세워 듣는다

영靈으로 교감하는 봄날의 축제 속에
풀려진 동공 가득 꽃들이 타오르고

육신은
절로 녹아서
갈매 빛*에 물든다

* 갈매 빛 : 진한 초록빛

금지선

차창 밖 철로 변에 얼굴 내민 개나리
열차가 달릴수록 어우러져 선 그린다
노란색 금지선 긋고 접근금지 알린다

누리로*의 자동계단 운행 중에 닫혀 지면
정차와 출발할 때 반복되는 안내방송
'금지선 안쪽에 계신 승객은 물러나세요.'

노란색이 금지선 된 이유를 알고 싶어
목적지에 닿아도 금지되지 않는 의문
궁금증 머릿속에서 금지선을 침범한다

* 누리로 : 2009년 6.1부터 운행하고 있는 무궁화급 간선 전기 열차

딸기

헛배 부른 장독들이 뒤란에 가득했고
석류꽃이 등불 켜고 장독대를 지켜 주고
떼왈*은 석류나무의 발치에서 자랐다

숨바꼭질 술래 되어 장독 뒤로 돌아가면
새하얀 딸기 꽃도 잎 뒤에 숨어 있고
꿀벌도 술래가 되어 이 꽃 저 꽃 뒤졌다

빨갛게 쉬이 익길 봄볕도 기다리는데
부지런한 벌레들이 익은 부분 먼저 먹어
딸기 향 달콤한 맛은 구멍 난 후 맛봤다

* 떼왈 : 딸기의 방언

딸기의 추억 41×31cm watercolor on paper

제비꽃

봄비 그친 언덕에 햇살이 눈부신 날
모아 쥔 삐비* 움큼 버려도 좋을 만큼
보라 빛 그 꽃에 빠져 눈길 놓지 못했다

봄이 오면 제비꽃은 잊지 않고 또 피건만
'제비꽃' 그 이름을 알려 준 옛 동무는
춤추는 아지랑이 따라 어디론가 떠났다

해마다 제비꽃은 또 다시 피우건만
옛 동무 그 이름은 새싹이 나지 않아
돌아가 그 언덕에서 키 낮추면 기억날까

* 삐비 : '삘기'의 방언

덩굴손

바람에 흔들리며 지지대를 잡기위해
허공에 손을 뻗어 수없이 흔들리다
기어코 잡은 기회로 온몸 바로 세운다

삶이란 덩굴손으로 목표를 잡기위해
세상이란 허공 속에 헛손질 수 없어도
발 돋음 더욱 높이어 손을 길게 뻗는 것

더듬이 단단하게 고정시킨 다음에야
비로소 꽃 피우고 다음 손을 내밀듯이
인생도 발 디딜 자리 마련해야 꽃 핀다

미세먼지 나쁨

미세먼지 나쁘다고 안전 문자 오기 전에
희뿌연 시야 속에 석유 냄새 맡게 되면
재채기 먼저 나와서 주의보를 발령한다

어릴 적 황토 먼지 회오리로 일어나면
그마저 해로울까 숨 멈추고 뛰었는데
황사는 미세먼지와 견줄 바도 아니다

마스크를 쓰게 되면 안경에 김 서려서
황사도 미세먼지도 그냥 흡입하였지만
후세들 숨을 쉬게 할 대책 없어 답답하다

탱자 꽃

댕기 머리 그 소녀가 살았던 외딴집은
탱자나무 울타리에 이웃과도 막혀있고
핼쑥한 눈매의 끝이 탱자 가시 닮았다

지난 가을 던진 돌이 탱자보다 많이 열려
가시 울에 호기심으로 주렁주렁 걸렸는데
봄 햇살 따사로운 날 사립문이 열렸다

알싸한 탱자 꽃이 쌀밥처럼 풍성한데
이사 간 빈 부엌의 기울어진 가마솥에
핏빛의 녹물 자국이 소문으로 엉겼다

벚꽃은 벗꽃이다

아무리 예쁜 꽃도 혼자 피면 볼품없어
벚꽃이 벗과 함께 무리 지어 꽃 피우면
만개한 벚꽃보다도 구경꾼이 더 많다

벚꽃은 벗과 함께 구경해야 제 맛이라
벚꽃길 벗과 함께 손잡고 걸어가면
꽃가지 꽃 터널 위로 손에 손을 잡는다

낙화는 이별 아닌 축하의 꽃가루로
지나간 발자국은 잊으라며 덮어줄 때
'벚꽃'을 '벗꽃'이라고 알려준다, 벗에게

산딸나무

그녀와 만나는 날 그 나무도 만났다
우듬지에 하얀 나비 하객으로 날아 앉아
날개 짓 바닷바람을 살랑살랑 보냈다

궁금증 검색해서 꽃 이름 찾아보니
열매가 딸기 같아 '산딸나무'라 하고
인연도 새로운 이름 가슴으로 받았다

다시는 십자가로 쓰임 받지 않도록
키 높이 낮아지고 굵기도 가늘어졌듯
지나간 아픔 지우고 꽃이 피길 바랐다

* 산딸나무 전설 : 산딸나무는 키가 크고 곧아서 예수님의 십자가로 만들었다고 한다. 예수님께서 산딸나무에게 다시는 십자가로 만들어지지 않도록 키도 작아지고 가늘고 구부러지라고 했다 한다. 그 이후로 꽃잎은 십자 모양으로 꽃술은 왕관으로 변했다고 한다.

고창 청보리밭에서

갑오년 녹두바람 깨달음에 새순 돋아
죽창 들고 집결한 그 때의 농민들처럼
청보리 대오를 맞춰 출정을 기다린다

동학혁명 기포지가 바로 이 고을임을
쑥국새* 알리느라 목청 이미 푹 쉬었고
햇살을 머리띠 두른 유채꽃도 끄덕인다

외세에 참살당한 보국안민 그 슬픔이
보리밭 사잇길에 피 빛으로 배어 나와
황토 빛 긴 한숨 끌고 보릿고개 넘는다

* 쑥국새 : 산비둘기의 방언

배꼽

위아래와 좌우를 점 하나로 구분 짓고
균형과 대칭으로 중심잡고 있었지만
그 역할 무관심속에 옷 속 깊이 감춰있다

곡식도 나무도 꽃이 진 자리에는
산고産苦의 아픔 담긴 자국을 볼 수 있고
열매의 밑자리에는 배꼽들이 남아있다

어려울 때 우리에게 영양 공급 해주었던
배꼽 같은 은인恩人들이 수 없이 많았지만
배꼽을 잊어버리고 살아온 적 많았다

함박꽃
- 산 목련

오염에 찌든 코를 씻어주는 진한 향기
그 누가 산중에서 분첩을 열어놨나
장날에 분을 바르던 엄니 모습 떠오른다

저 멀리 고갯길에 무명 적삼 꽃이 피면
그 날이 장날이라 짐작했던 어린 봄날
오늘이 그 장날인가, 흰 옷 몇몇 보인다

머리띠 두르고 줄 위에 올라서서
장場에 모인 사람들의 시선을 사로잡던
줄타기 명수 되려고 저리 높이 올라 피나

봄에는 볼 것이 많아 봄이다

추위는 우리 눈에 겨울눈*을 입혔는지
헐벗은 초목에게 눈길조차 주잖더니
봄 햇살 눈꺼풀 녹여 새 누리가 열린다

바람에 흩날리는 꽃 보라 아래에서
밟혀 깨진 비늘잎의 아픔을 내려 본다
꽃피울 영광을 위해 오래 견딘 시간을

따스한 햇살 받아 새 움 트는 눈芽과 눈目
새 순과 새 꽃에서 봄의 향기 맡으며
봄에는 볼 것이 많아 '봄'이라고 부른다

* 겨울눈 : 늦여름부터 가을 사이에 생겨 겨울을 넘기고 이듬해 봄에 싹이 트는 눈

2부

능소화 53.7×40.9cm watercolor on paper

여름날의 능소화

달맞이꽃

하현달을 입에 물고
산통 앓던 울 어매가

달맞이 꽃대 위에
신음을 뱉어 놨다

정유년
유월 스무 이튿날
달맞이꽃
향기 낳다

궁남지*의 연꽃

그 날의 외마디가 바람결에 들려오면
수양버들 머리채를 흔들면서 귀를 막고
포룡정* 흐느낌 소리 잔물결로 흝는다

무너진 궁궐터에 소나기 내리면
연와蓮瓦에서 잠자던 연꽃들이 깨어나서
팔월의 뙤약볕 아래 젖은 눈물 말린다

역사의 절벽에서 백마강에 몸을 던진
백화정의 그 꽃들이 이맘때면 피어나서
궁남지 에워싸고서 부채춤을 추고 있다

* 궁남지宮南池 : 충남 부여군 부여읍 동남리 서동공원에 위치한 연못
* 포룡정抱龍亭 : 사적 제135호, 궁남지에 있는 정자

모 심을 무렵

장다리꽃 밭둑아래 써레질 한 무논에는
하늘이 내려와서 편안히 머물도록
바람이 물 주름살을 쉬지 않고 밀었다

초승달의 눈짓으로 깨어난 뭇별들이
물위에 자리 잡고 날 새도록 놀고 있다
개구리 목청 높여서 비켜 달라 울어대고

밤마다 시끄러워 깊은 잠을 자지 못해
나이 보다 쉬이 늙은 밭두렁의 대파 꽃은
흰머리 끄덕이면서 한낮에도 졸았다

분꽃

오후 네 시, 그녀가 단장하기 시작한다
짙은 색 화장하고 향수를 뿌리고서
밤 새워 하늘의 별과 사랑을 나누려고

비로소 해가 뜨면 서서히 접는 몸매
햇살이 쪼아대고 소음에 귀 아파도
그녀의 깊은 꿈길을 방해하지 못한다

겉만 보고 판단하는 누군가의 입방아에
후손이 어둠 닮아 까맣다고 말하여도
가슴에 하얀 별빛을 차곡차곡 쟁였다

* 서양에서는 분꽃을 '4 o'clock flower'이라고도 함

참나리

뙤약볕이 내리쬐면 피부가 탈까봐서
사람은 눈만 빼고 온몸을 가리는데
너는 왜 얼굴 내놓고 피할 줄을 모를까

그러니 그 얼굴이 빨갛게 열 오르고
기민지 주근깬지 얼굴에 잔뜩 나서
수줍어 고개 숙여도 감춰지지 않는다

가까이서 보기보다 멀리서 바라봐야
붉은색 저고리에 초록빛 치마가
제대로 잘 어울리는 미인도를 볼 수 있다

참나리 41×31cm watercolor on paper

소라게

결혼해서 살다보면 식구가 늘어나서
사는 집을 어찌 못해 넓은 집을 찾는다
소라게 닮은 사람들 이사하는 이유다

값싸고 형편 맞는 빈소라 찾고 찾다
제 맘에 쏘옥 드는 그런 집 아니어도
대충만 몸에 맞으면 살아가며 바꾼다

갭 투자*로 집을 사서 역전세로 고통 받고
집 마련 영끌 대출* 금리 올라 힘든 세상
사람도 소라게처럼 빈집 주어 살 순 없나

* 갭 투자 : 집값과 전세 값 차이(gap)가 작은 집을 전세를 끼고 매입
  하는 투자 방식
* 영끌 대출 : 영혼까지 끌어 모아 대출 받는다는 신세대 용어

꽃무늬

눅눅함을 날리려고 앞문 뒷문 열었더니
그놈이 들어와서 구석에 숨었다가
불 끄고 잠자리 들면 벗은 몸을 탐했다

자다가 고통 받는 꿈길이 험난하여
전등 켜고 찾아보면 침묵만이 졸고 있고
어느새 물린 살갗엔 꽃봉오리 솟았다

새벽까지 시달리다 잠을 털고 불을 켜니
벽에 앉아 배 내밀고 트림하던 바로 그때
한 방에 복수를 했다
꽃무늬가 낭자하다

구경꾼

커피숍 뒷문에서 길냥이*가 신호 한다
아가씨가 알아듣고 참치 깡통 따준다
익숙한 그들의 화법, 내용이 푸짐하다

욕심껏 먹거나 숨기지 아니하고
아깝다는 핑계로 배부르게 먹지 않고
적당히 배가 부르면 인사 없이 떠난다

혼자 아닌 여럿이 그 상황을 지켜봤다
까치가 구경하다 남은 먹이 쪼아대고
깡통의 반쪽 바닥에 햇살 반짝 다녀간다

* 길냥이 : 길고양이

소돌 해변*에서

시간의 영嶺을 넘어 물안개를 벗어나면
파도의 끝자락에서 하얗게 혼절하여
아쉬움 발밑에 와서 잔물결로 흩는다

하고픈 말 대신에 쌓아 놓은 모래성을
파도가 쉬지 않고 지우고 또 지우면
시원始原의 바닷가에는 조약돌이 구른다

해무海霧에 가려있는 이름과 얼굴들이
밤새도록 별자리에서 하나씩 사라진다
새날이 수평선 위로 밑줄 긋고 밝는다

* 소돌 해변 : 강원도 강릉시 주문진읍 소재

엉겅퀴

그 무슨 천형天刑 있어
온몸에 가시 있나

사람은 겉만 보고
가까이 오잖아도

벌, 나비
내면을 보러
그 품으로 찾아든다

엉겅퀴 41×31cm watercolor on paper

칼국수의 추억

빗방울이 토란잎에 미끄럼 타고 놀면
어매는 들일 접고 별미 음식 준비하여
대식구 팥 칼국수로 입맛 돋아 주었다

국수발로 쏟아지는 빗소리를 들으며
안반 위에 반죽으로 찰흙놀이 즐기다가
자신의 땅을 늘리듯 동그라미 늘렸다

아궁이 대신에 화덕에 불을 피워
동그란 대바구니에 삶은 팥을 걸러내고
팥물이 팔팔 끓으면 여러 솜씨 넣었다

저녁상이 차려질 즘 하늘도 맑게 개고
마당에 멍석 깔고 두레상* 차리면
후두둑! 별들의 군침 몇 방울씩 떨어졌다

* 두레상 : 여럿이 둘러 앉아 음식을 먹을 수 있는 큰상

장마에 핀 꽃

2020년 오십일 이상의 장마 동안
더워도 햇살이 그리운 실내에서
습기가 꽃을 피웠다
뿌리도 잎도 없이

코로나 바이러스 방역지침 잊고서
거리두기 하지 않고 밀접하게 접촉하여
커버에 갇힌 옷들이 더욱 많이 피었다

다른 꽃은 햇빛을 보아야 피지만
그 꽃은 햇빛을 보아야 사라진다
장마 뒤 많은 옷에게 일광욕이 필요하다

7월은

7월은 지난날을 감사하며 맞는다
흘러간 상반기를 아쉽다고 하기보다
지금껏 살아온 시간, 감사하기 그지없다

7월은 또 다른 희망을 싣고 온다
상반기에 이루지 못한 계획을 살펴서
새 출발 마음 다잡고 반년을 시작한다

7월은 다음 계획 가득 담긴 달이다
반년을 기반으로 반년을 결심하여
의지가 청포도 알로 주렁주렁 달린다

7월은 땀의 대가 식탁에 풍성하다
봄부터 가꾼 채소, 열매를 수확하여
이웃과 나누는 정이 울 너머로 넘친다

청포도 41×31cm watercolor on paper

폭염, 그리고 추모일

할머니의 장례식 때 혹한과 눈보라에
고생하신 아버지의 읊조리던 기도 소리
'하나님! 따뜻할 때에 날 데려가 주세요!'

아버지의 기도 응답 제대로 이루어져
한증막의 더위 속에 문상객을 맞느라
고향집 멍석위에서 땀 흘리며 맞절했다

그 해처럼 무더운 날 다시 맞은 추모일에
에어컨이 고장 나서 선풍기가 목 아팠다
그날의 폭염과 장례 그날 함께 기렸다

강남역 현자賢者

115년 만의 폭우도 강남에서 살고 싶어
강남역 사거리에 떼를 쓰고 주저앉아
애꿎은 자동차들이 수제비로 떠있다

휴대폰 든 운전자는 승용차 위에 올라
SOS 보내기보다 SNS를 보낸다
우산도 쓰지 않고서 물세례를 받으면서

시간이 답이라는 걸 현자는 알고 있다
기다리면 언젠가 빗줄기는 잦아들고
아무 일 없던 것처럼 하늘 다시 밝는 것을

여름날의 능소화

칠월의 땡볕보다 더 뜨거운 꽃망울은
여름 내내 무얼 태워 쉬지 않고 타오를까
모든 꽃 깊이 잠드는 한밤에도 타고 있다

'양반 꽃' 별명답게 꽃 질 때도 절개 있어
단번에 그 목숨을 땅위에 버려 놓아
떨어진 꽃망울 위에 보는 눈도 아프다

시원한 마파람에 그늘 아래 쉬지 않고
누가 오나 보기위해 담장위에 올라서서
하늘에 긴 목을 빼고 기다림을 줄인다

장맛비에 젖은 꽃잎 무게 겨워 쳐졌어도
눈 한 번 꿈쩍 않고 꽃빛 더욱 밝히고서
지나는 길손들에게 절하기에 바쁘다

소나기 내리고

하늘에서 보내 온 풍요의 소식들이
바닥에 떨어지며 왕관을 만들지만
그 영광 물거품으로 한순간에 사라진다

하릴없이 비를 피한 동공 풀린 여유 속에
세상의 모든 영화榮華 빗방울과 같다고
물위에 반사된 햇살 눈동자를 깨운다

땀 식은 바람결에 몇 방울의 아쉬움이
후두둑 머리 위로 재촉하며 쏟아져도
깨달음 얻은 발걸음 구름 위를 걷는다

칠석날의 추억

마당에 멍석 깔고 모깃불을 피워서
미리내*에 닿도록 키*로 연기 날렸다
그 밤에 견우와 직녀 만나리라 기대하며

부채질에 실려 오던 할머니의 이야기가
졸음에 묻혀서 간간이 끊어지면
모기는 잘 들으라며 따끔하게 깨웠다

술빵에 점점 박힌 동부*같은 눈망울로
별똥별이 방해해도 오작교만 지켰는데
아뿔싸!
깜박 잠든 사이에 풀잎 끝엔 눈물뿐

* 미리내 : 은하수
* 키 : 곡식 따위를 까불러 골라내는 그릇
* 동부 : blackeyed pea '돈부'라고도 하는 콩

해당화
- 우하(又下) 서정태 시인을 뵙고

미당未堂이 보고 싶어 또又그를 뵈러갔다下
앞마당 해당화가 먼저 나와 반기며
철 지난 안부 인사를 듬성듬성 건넨다

뜰 앞에 우거진 해당화 꽃송이가
철을 잊고 피고 지며 아흔 넘은 소년에게
날마다 심심치 않게 이야기를 건넨다

홀로 계신 우하정又下亭엔 접대할 게 없다면서
"해당화 향기 맡고 꽃잎 하나 따 먹게나!"
안부로 나눈 인사가 빨간 열매 맺는다

해당화 53×40.9cm watercolor on paper

후크선장

사람들은 까만 그를 '후크'라고 부른다

오른쪽 머리부터 눈 주위까지 함몰되어 한쪽 눈이 없고 사고로 다친 앞다리를 절뚝거려도 그의 예민한 후각의 갈고리에 걸린 암고양이들은 얼룩무늬나 단색이나 모두 검정 점박이를 낳았다 컨테이너 밑에서 또는 벽과 벽 사이에서 우르르 쏟아져 나온 그와 새끼 해적들은 음식물 쓰레기 봉지를 공격하여 삽시간에 빈 봉지로 남긴다 그의 영역인 반경 1킬로 미터 이내에는 초승달도 한쪽 눈을 깜박이며 달아난다 무더운 여름밤에 잠 설치게 하는 아기 울음소리를 이 동네에서는 후크 혼자서 잠재운다

갑자기 늙은 후크가 그늘 아래 졸고 있다

3부

가을연가 72.7×53cm watercolor on paper

가을이 저만치 가네

가을 노을

하루해 서녘 하늘
노을로 불태우고

나뭇잎 계절의 끝
단풍으로 불타는데

내 삶의
마지막 때는
무엇으로 타오를까

가을을 타다

가을빛의 산과 들을 먼발치로 바라보면
숨어 있던 비밀이 드러나기 시작하여
가을을 타는 가슴이 단풍보다 더 붉다

회색 건물들이 일상에 그늘 길 때
손 흔드는 억새와 펄럭이는 단풍잎이
바람에 흩날리면서 갈바람을 넣는다

빈 들판 허수아비처럼 철없어 보여도
떨어진 단풍잎에 발걸음이 더디어도
두 눈에 가을 담아야 식어지는 병세다

가을이 저만치 가네

낙엽들의 이력을 아직 읽지 못했는데
철새들이 나는 이유 아직도 궁금한데
가을이 앞장서가며 긴 그림자 끌고 가네

보고픈 사람들을 다 만나지 못했는데
자녀에게 삶에 대해 알려주지 못했는데
가을이 서리를 털며 앞장서서 달리네

논둑길 허수아비 옷소매를 이끌고
억새꽃 배웅하는 밭둑길을 지나서
가을이 된바람 타고 세월의 강 건너네

데칼코마니*

어느 것이 원본인지 구별하기 어렵고
볼수록 그 속으로 빠져들게 만든 그림
산 접어 물에 찍어서 위아래가 똑같다

철 따라 그 그림을 바꿔 놓는 창조주
물안개 피워 올려 작업을 감추고서
조금씩 아무도 몰래 계절 점점 물든다

단풍과 상록수를 적절하게 배열하고
봄, 여름 겨울보다 정성 더욱 들여놓아
가을의 울긋불긋은 물위에서 물든다

* 데칼코마니 (decalcomanie) : 어떤 무늬를 특수한 종이에 찍어 얇은 막을 이루게 만든 뒤 다른 표면에 옮기는 것

꽃무릇 1

유년의 그림첩에 접어둔 풍경 좇아
수십 년의 시간 딛고 기억 위에 올라보니
꽃무릇
꽃무리들이 변명처럼 난무하다

현재의 도화지에 빨강 색만 덧칠되고
많다는 것이 좋은 것만 아닌 곳에 이르니
기다림
모둠발로 선
꽃대 하나 만난다

고목과 바위틈의 여백을 채워놓고
약속 지난 시간만이 피딱지로 엉겼는데
도솔천*
반겨 맞으며
눈시울을 붉힌다

* 도솔천 : 선운산에 있는 내

꽃무릇 2

만날 수 없는 짝사랑도
모여서 고백하면
저리 붉게 타올라서
또 다른 의미 된다

선혈이
낭자한 융단
밟고 오실 님 누굴까

숨 가쁜 궁금증의
그 끝에 다다르면
도솔암 마애불은
이미 그 분 만난 듯

감은 눈
엷은 미소를
갈 햇살이 읽고 있다

선운사의 감나무

사천왕도 놀라서 눈 커지는 종소리를
감꽃부터 듣고 자란 선운사의 풋감들은
그 소리 속살로 채워 겉모양도 종 닮았다

노을빛 장삼 입은 감들이 합장하면
긴 공명에 실린 태양 천마봉을 넘어가고
미망*의 세상을 위해 깊은 어둠 내린다

감들이 제 몸을 감 장아찌로 공양하여
동안거 수련 동안 그 감 드신 스님들은
큰 목청 독경소리에 마애불도 눈 뜨겠다

스님들 정진하여 기도 속에 심은 감을
땡감 같은 중생 위해 홍시 모두 나눠주면
번뇌의 우듬지에는 까치밥만 남는다

* 미망(迷妄) : 사리에 어두워 갈피를 잡지 못하고 헤맴

선운산의 가을

단풍드는 시기가 나무 마다 다 다르고
등산객의 옷맵시가 형형색색 달라도
선운산, 그 품에 들면 어우러져 가을이다

노을 빛 단풍잎은 도솔천을 내려오고
단풍객들 물길 따라 도솔암에 올라가며
서로의 오가는 길이 어우러져 단풍 든다

선운사 뒤뜰에 병풍 두른 동백 숲은
단풍도 들지 않고 낙엽지지 않으며
늘 푸른 생명 있음을 눈 시리게 알린다

노마드*

욕심이 필요위에 군림하지 않기를
주어진 공간 가득 감사로 채워지길
짐보다 무거운 기도 가득 싣고 이사했다

그러나 짐 부리면 늘어나는 변명거리
하나, 둘 가구 되어 공간을 잠식하고
삶이란 내일을 향해 이동함을 잊게 한다

나태함이 가구위에 솜먼지로 쌓여 가면
유랑의 깊은 충동 발굽 먼지 일으키고
더 넓은 공간 찾아서 생각 먼저 달린다

* 노마드(nomad) : '유목민', '방랑자', '유랑자'

감나무

감잎처럼 떠나간 자식들 고향 오면
결실을 나누고픈 어머니의 마음으로
가지에 선물 보따리 주렁주렁 매달았다

누군가 다녀갔는지 수척해진 감나무
앙상한 관절 마디 찬바람에 시려 와도
남은 감 가지에 달고 눈길 멀리 보낸다

사람과 새들에게 제 몸 나눠 주고서도
또 다른 기다림을 등불로 매달고서
고향집 홀로 지키는 어머니가 계시다

감나무 41×31cm watercolor on paper

인생의 부호 2

지금의
삶이 과연
허리 굽은 물음표까?

날마다
이음표를
쉬지 않고 이어가면-

머잖아
허리 펴는 날
느낌표가 되리라!

석류

그대를 기다림이 얼마나 뜨거운 지
한 낮에도 석류꽃은 등불로 타고 있다.
따가운 가을 햇살도 그 앞에선 주눅 든다

그대 향한 언어들을 가슴 안에 담아놓고
갈아내고 다듬어서 내밀하게 채우다가
더 이상 버틸 수 없어 터져버린 가슴팍

루비 빛 보석 안에 맺혀 있는 그리움이
알알이 핏빛으로 굳은 세월 맛을 보면
입안에 군침이 아닌 눈물 가득 고인다

간짓대

고향집 뒤 병풍 친 대나무 중에서
잘생긴 놈 골라내어 가지치고 다듬어서
역할을 많이 주고서 간짓대라 불렀다

손빨래한 무명옷을 빨래 줄에 널어놓고
늘어 처진 낮은 곳에 간짓대를 꽂아주면
높아진 자존심으로 의젓하게 버텼다

그 끝에 낫을 달아 해도 달도 딸 정도로
가장 긴 무기되어 가죽나무 새순 따면
봄에는 간짓대 역할 하늘 높이 머물렀다

타작한 통보리를 멍석위에 널어놓고
마루에 걸쳐 놓은 간짓대를 흔들어서
닭들을 쫓아내면서 위세 당당 부렸다

감들이 하나 둘 익어가기 시작할 때
간짓대는 감나무에서 내내 붙어 지내다가
홍시가 까치밥으로 남을 때에 떠났다

종갓집 은행나무

단풍들수록 밝아지는 햇빛 담은 은행잎이
해 짧은 늦가을의 어둔 고샅 밝히더니
어제 밤 된서리 맞고 노란 한지 펼쳐 놨다

제빛 잃은 낙엽들이 바람에 휩쓸려도
은행잎 무거워서 제자리에 쌓인다
종갓집 내력보다 긴 고생대가 무거워서

나이 든 종손은 쓸지 않고 기다리며
햇살 한 줌, 낙엽 한 줌, 켜켜이 쌓는 여유
방문객 발자국으로 아픈 낙관 찍는다

갈 숲에 부는 바람

강물에 떠내려 온 수많은 그리움이
갈대밭에 모여서 반가움을 나눈다
얼굴을 어긋 맞 대고 볼 부비고 몸 비비며

옆구리가 시린 계절 따뜻하게 나기위해
남극의 펭귄처럼 바짝바짝 붙어 서서
머리에 솜털을 이고 월동준비 서두른다

외로운 사람들은 이곳에 와 달래려고
갈대의 옆구리에 옆구리를 맞대고서
갈 숲에 둥지를 트는 철새들을 만난다

국화

이른 것이 대우받는 세상의 선호選好에서
늦은 것이 얼마나 귀한 가를 보여주며
기다림 향기로 피어 온 땅위를 덮는다

초목도 풀벌레도 겨울잠에 들기 위해
푸른 옷 벗어놓고 땅속으로 들어갈 때
마지막 꽃의 축제를 갈 햇살이 알린다

벌 나비 불러 모아 겨울 양식 채우도록
가슴을 활짝 열어 가진 것을 내어줄 때
국화꽃 사진을 찍는 구경꾼도 벌떼 같다

마음의 거리

가까이 있어도
머나먼 사람 있고

아주 멀리 있어도
가까운 사람 있다

사람과 사람 사이에
마음이란 거리 있다

Distance of mind

Even if close
there is someone far away

Even if very far away
there is someone close

Between people and people
there is distance of mind

충청도식 여유

천안역에 도착한 후 택시를 타고서
차문을 너무 세게 닫았더니 운전수 왈,
"그렇게 살살 닫아서 문이 박살 나겄슈"

신호가 바뀌어도 출발 않는 앞 택시에
빵빵 소리 내지 않고 서두르지 않으며
"저 자가 대간헌가벼, 졸고 있는 개비여"

태조산 연수원에 도착 시간 늦을까봐
좀 빨리 가달라고 손님이 당부하니
"그르케 바쁘시다면 어제 오지 그랬슈"

* 대간하다 : (충청도 사투리) 피곤하다

충청도식 거래

"저것이 뭔가요"
"청둥오리지 뭐에유"
"할머니, 청둥오리 키우셔서 좋겠어요"
"좋기는 뭐가 좋아유, 저놈들을 사가슈"

"한 마리에 얼마씩 파시는 거에요"
"사는 놈이 알쥬, 파는 년이 알갔슈"
"오천 원, 어떻습니까"
대꾸도 없으시다

"할머니, 만 원에 파시면 어때요"
"넵둬유, 댕기다가 뒈지든지 말든지"
오리들 꿱꿱 소리를 삽시간에 멈춘다

동림 저수지*의 가창오리

철새가 물 위에서 오랫동안 조용하다

그들 중의 우두머리가 있고 그의 말에 따라 해거름에 펼칠 군무의 인도와 좌우 날개 역할을 정하고 몇 개의 춤을 보여줄지를 정하는 것이다 의논하는 시간이 오래 걸리고 의견 일치가 없으면 그날은 춤을 추지 않는다 낮에는 사람들이 햇빛에 눈이 부셔서 하늘에서 펼칠 군무를 보기 힘들고 밤에는 어두워서 어떤 아름다움도 모두 까맣게 보이기 때문이다 그래서 노을이 붉게 물든 융단이 펼쳐지면 좋고 눈이라도 포근히 내려 하얀 무대가 펼쳐지면 더더욱 좋다 사진작가들은 가창오리의 회의 결과를 알 수 없기에

인내와 기다림으로 긴장감이 팽팽하다

* 동림저수지 : 전북 고창군 성내면 신성리 소재

4부

성탄절 무렵 41×31cm watercolor on paper

겨울에 눈이 오는 이유

겨울에 눈이 오는 이유

지난해에 그려놓은 풍경화를 지우려고
새해의 첫 달에는 하얀 눈이 많이 온다
자연도 새 소망 담아 화선지를 펼친다

밑그림이 생각대로 그려지지 않으면
더욱 많은 눈을 내려 하얗게 덮으려고
자연은 추위 속에서 쉬지 않고 설계한다

온화한 바람 불면 서서히 드러나는
연두 빛 새 잎부터 분홍빛 꽃잎까지
겨우내 밑그림 그린 풍경화를 보여준다

겨울, 태조산에서*

궁금증 바짝 여윈 이 계절의 나무에게
입술을 재촉하여 듣고 싶은 얘기 있어
눈발이 응석 부리며 그 머리를 긁는다

하얀 눈이 창밖으로 잡담처럼 쌓이고
찻잔 속 커피는 식은 채로 바닥보여
눈보라 그도 지쳐서 쉬어가며 내린다

상록수는 침엽 가져 눈 털기를 쉽게 하고
활엽수는 잎을 버려 눈 쌓이지 않도록
한겨울 자연의 교훈 소복소복 내린다

* 태조산 : 충청남도 천안시 동남구 유량동과 목천읍의 경계에 있는 산.
  고려 태조가 이곳에서 군사를 양병했다는 설에서 유래

고드름

거꾸로 매달려서 벌을 서는 이유 뭘까
추위에 흘린 눈물 모여서 커져간다
바람이 눈물 닦으며 달래고 달랜다

욕심이 너무 많아 제 몸집 부풀리어
감당하지 못할 만큼 무게가 버거우면
단번에 처형당하는 그 형벌이 무섭다

생성과 소멸이 자연의 순리인데
우매한 인간들은 영원히 살 것처럼
욕심을 고드름처럼 부풀리기 바쁘다

그해 겨울 1

촌놈이 상경한 그해 겨울 생각하면
등짝이 시려오며 가슴이 답답하고
매캐한 연탄가스가 콧속을 찌른다

소독약 냄새 진한 수돗물을 마시며
기술 습득 이유로 무보수로 일하느라
어린 꿈 동상에 걸려 밤새도록 긁었다

숙식제공 광고 보고 자리 옮긴 공장에서
차가운 기숙사에 수 십 명씩 칼잠 잤고
찬물로 감은 머리끝 고드름이 연주했다

그 해 겨울 2 - IMF

온풍기에 석유 부어 덥혀 놓은 인내와
사업의 꿈 창문 새로 날개 없이 날아가고
앙다문 유리창에는 서릿발만 날카롭다

분양받은 아파트의 꿈자리를 펼 틈 없이
고공금리 이자를 돌려막다 빚을 내고
앞뒤가 막힌 방안에 쌓은 짐만 높았다

기다릴 소망과 원망할 대상 없이
영문도 모르는 채 살아가자 채근해도
젊을 때 사온 고생은 속담 밖의 넋두리다

그 해 겨울 3 - 종달새의 아침

초등학교 6년부터 새벽에 일어나서
나무통 술 배달로 숫눈 위에 길을 냈다
보수는 막걸리 한 통에 한 됫박의 쉰 냄새

새벽에 신문 배달 방한 용품 변변찮고
손 감각으로 나누느라 면장갑도 그림의 떡
두 손끝 입안에 넣고 숨 가쁘게 녹였다

젊은 시절 살기위해 올빼미 생활하다
나이 들어 또 다시 종달새로 돌아와서
알람이 밝혀 준 새날 감사함으로 받는다

COVID 19 - 변이 되는 관문

요양원의 노부모를 자유롭게 뵐 수 없고
명절에 부모 형제 교대로 만나야 한다
사람이 사람 노릇을 할 수 없게 만든 역병

마스크만 잘 쓰면 괜찮을 줄 알았고
방명록에 이름 쓰고 전화번호 적어놓고
머리를 조아리면서 공손하게 체온 쟀다

전화번호 유출 방지 안심번호 외우고
거리 두어 줄을 서고 출입위해 전화 걸고
권장한 백신 맞으면 무사통과로 알았다

음식점 문 앞에서 큐알 코드 터치하고
1차 접종, 2차 접종 순순히 맞았는데
갈수록 추가접종을 추가하고 추가한다

COVID 19 - 마스크 단상斷想

1
마스크의 와이어를 콧잔등에 밀착해도
안경에 김 서려서 세상 온통 뿌옇다
마스크 먼저 벗을까, 안경 먼저 벗을까

2
집 나설 때 챙겨야 할 물건들이 늘어났다
안경 먼저 걸쳐 쓰고, 자동차 열쇠 챙기고
그래도 허전한 것은, 그래그래, 마스크다

3
마스크를 쓰지 않고 다른 사람 마주치면
죄지은 사람처럼 어찌할 줄 모르다가
마침내 마스크 써야 안심되는 세상이다

4
얼굴의 반쪽이 마스크로 덮여있고
얼굴의 반쪽이 안경으로 덮였는데
지나며 인사하는 분, 누구신지 궁금하다

5
휴대폰에 들려오는 목소리가 이상하다
발음이 어눌하고 개성이 사라졌다
마스크 쓴 목소리는 그 사람이 그 사람

6
귀하신 마스크를 줄 서서 사야 했고
사용한 마스크를 세탁해서 또 썼는데
길거리 아무 곳에나 벗어던진 비양심

7
어르신 혼자서 김장을 준비하며
마스크를 벗지 않아 물어보니
얼굴이 춥지 않아서 계속 쓴다 하신다

8
투명한 가림막에 옆 사람과 대화 금지
묵묵히 반찬 놓고 숟가락을 들고서
국물을 맛을 보았다, 마스크의 맛이다

9
갑자기 누군가를 만날 일이 생겼다
수염을 깎지 않아 산적山賊같은 모습인데
다행히 마스크 쓰고 수치심을 가린다

COVID 19 - 응급실에서

살아있는 사람들은 시끄럽고 분주하다
생사의 기로에서 죽음에 가까우면
말없이 조용해지고 맡긴 몸은 편안하다

어떤 삶은 술에 취해 길가에서 자다가
승용차에 받혀서 닥터 헬기 타고 왔다
피범벅 꿈결 속에서 코를 곤다, 그래도

때늦은 소생술에 의사들은 땀 흘리고
아이의 부모는 몸부림치며 소리쳐도
눈감은 아이의 모습 평온하기 그지없다

응급실에 실려 와서 정신이 멀쩡하면
여러 인생 갈림길을 묵묵히 지켜보며
마지막 심판대 상황 체험 학습 미리 했다

COVID 19 체험 1

백신의 부작용으로 응급실에 실려 갔고
팬데믹이 요란해도 강 건너 불이었다
방심은 마스크 벗고 사진 찍고 나타났다

두통과 발열로 날 밝도록 고통 받고
어둠은 스올*같아 불을 켜고 지새우며
어둔 밤 그리 긴 것을 초침으로 듣는다

다음 날 콧속 후벼 '양성'이라 알려준 후
그때까지 몰랐던 차별이 시작되었다
병원도 약국에서도 문밖으로 나가란다

* 스올 : 히브리어로 '죽은 자들이 가는 곳'

COVID 19 체험 2

쓰디 쓴 목구멍에 치료 약 넣기 위해
음식 맛을 모르면서 억지로 식사한다
생존을 숟갈에 얹어 고개 젖혀 삼킨다

몹쓸 역병 미리 겪어 경험 있는 지인知人들이
맛있는 배달음식 문 앞으로 보내주며
먹어야 살 수 있다는 목소리가 생수다

갇혀있는 답답함에 그런 삶을 이해하고
평소에 몰랐던 사랑도 받아보며
고난이 유익이라는 그 말씀만 꿀맛이다

나이가 든다는 것은

본인의 전화기로 본인 사망 부고하고
국화 향 가득한 빈소 위에 앉은 친구
여전히 살아있음에 고개 숙여 사죄한다

추억을 나누었던 이름을 잊었어도
어느 날 카카오톡에 생일이라 나타났다
여전히 휴대폰에는 생존하여 머물렀다

나이가 든다는 것은 연락처 목록에서
미련을 버리고서 세상 떠난 이름들을
하나, 둘 지우는 일이 늘어가는 것이다

나이테

힘들었던 시간을 단단하게 조여 놓고
따스했던 시간은 느슨하게 풀어 놓아
나무는 삶의 흔적을 숨김없이 보인다

하지만 사람들은 숨기는 것 너무 많아
가슴 속에 나이테를 두어봤자 소용없어
신神께서 주름살 그려 나이테를 남겼다

요즈음 주름살을 지우고 없애버려
얼굴 보고 나이를 가늠하기 어려워서
무조건 젊다고 해야 대우 받는 세상이다

붕어빵

둥그런 쇠 연못에서 잡아도 또 잡아도
계속해서 올라오는 황금색 붕어들
미끼는 밀가루 반죽, 팥 앙금이 전부다

잡아 놓은 붕어들을 냄새로 미끼 놓고
오가는 발걸음을 연못으로 유혹하여
낚여든 그 사람들은 돈을 내고 풀린다

붕어빵 장수는 붕어를 낚고 있고
행인들은 그 붕어에 낚이고 또 낚여도
한겨울 따스한 웃음 그곳에서 김 오른다

삶의 흔적

목피木皮에 그려놓은 애벌레의 삶의 여정
어떠한 계획이나 밑그림도 전혀 없이
순간의 삶이 모여서 선線으로 이어졌다

사람이 걸어온 자취 또한 그러하니
열심히 살아온 시간을 연결하면
때로는 직선이었고 때로는 곡선이다

생명의 자취 뒤에 작품 하나 남는다면
내 삶의 추상화는 어떠한 작품일까
삭정이 나무토막에 궁금증을 그린다

새해는

해변에 찍혀있는 발자국을 지우려고
바다는 쉬지 않고 파도를 몰아치며
과거는 잊으라면서 거품 물고 지운다

계절의 변화로 화려했던 산과 들을
옛 영화는 덮으라며 흰 눈 내려 쌓이고
한 해가 바뀌는 시점 겨울 중에 놓였다

나이가 들어가며 맞이하는 새해는
남아 있는 햇수보다 지나온 햇수 많아
소망을 빌기보다는 회개할 일 더 많다

알고리즘

딱 한 번 검색했는데 휴대폰에 나타나서
유사 물건 보여주는 정성이 대단하다
쇼핑몰 인공지능이 사람보다 친절하다

물건을 사지 않고 구경만 했는데도
뒤통수에 진상*이라 내색하지 않으며
인내와 관심가지고 손님으로 대한다

한참이 지났어도 기억력도 좋아서
사지 않은 그 물건을 찾아들고 또 내민다
인간이 만든 지능에 인간이 감탄한다

* 진상 : 요즘 부정적인 의미로 '귀찮고 까탈스러운', 또는 '허름한 것'

종합병원의 겨울

농한기의 종합병원은 콩나물시루 속이다
어르신들 밀린 병환 한꺼번에 데려 와서
침대와 대기좌석과 휠체어에 짐 부렸다

농사일이 바쁠 때는 병환도 미뤄둔 채
아프다는 푸념만 잡초처럼 무성한데
김장을 자식들에게 보낸 후에 몰려왔다

수개월의 약 보따리 한 짐씩 손에 들고
진눈깨비 알약으로 쏟아지는 정류장에
가로수 여윈 몸통으로 찬바람을 막는다

첫눈

가을이 미련 남아
마른 잎에 머뭇대도

시절 쫓던 풀잎들이
지쳐서 누웠어도

첫눈은
첫 연애처럼
가슴 미리 설렌다

첫눈을 맞은 지가
수십여 년 지났어도

첫눈 예보 듣고 나면
흰머리의 아이 되고

첫눈도
설렘이 담겨
앙감질*로 내린다

* 앙감질 : 한 발 들고 한 발로 뛰는 자세

첫 휴가 그리고 폭설

일 년 만의 첫 휴가는 눈雪과의 전쟁이었다

그 겨울의 가장 추운 날에 군 생활 일 년 만에 첫 휴가를 얻었다. 그동안 나의 존재를 가렸던 방한모부터 방한화까지 벗어 던지고 동절기 정복으로 말끔하게 차려입었다. 빡빡 깎은 머리에 바람이 매워서 덜덜 떨면서 인제 원통 버스 터미널까지 왔는데 영하 20도의 강추위에 콧물 눈물 흘렸다. 눈까지 내린 비포장도로를 낮은 포복으로 기어가는 버스 속에서 설렘으로 그 많던 졸음도 오지 않았고 아침에 출발한 시외버스는 강원도와 경기도의 모든 터미널을 기웃대다가 한밤중이 되어서야 마장동 근처에 왔다. 마장동 터미널에는 운행을 마친 차들로 꽉 차 있어서 들어가지 않고 아가씨들이 호객행위 하는 어느 길가에 내려주었다. 같은 부대 동료와 하차하여 어디로 갈지 몰라 방향을 찾고 있는데 어느 아가씨가 동료의 모자를 잽싸게 훔쳐서 달아났다. 쫓아가 모자를 빼앗기에 위해 밀고 당기다가 놓아주는 척하며 확 잡아 당겼더니 모자는 내게 건너 왔는데 상대편이 'ㄷ' 자 집 마당의 수돗가에 있는 큰 물통에 뒤로 떨어지며 얼음 깨지는 소리와 비명이 어둠을 찢었다. 등 뒤로 이 방 저 방의 미닫이문이 열리는 소리와 욕설이 들려오고 옆에 있던 동료와 전방에서 높은 산을 오르내린 체력을 바탕으로 한달음에 내달려서 신설동을 지났고, 정신 차리고 보니 '흥인지문'이 보였다. 포장마차에서 어묵에 간장을 듬뿍 묻혀서 그녀의 안녕을 빌며 허기를 달랬다. 큰형 집에서 하룻밤 묵고 다음 날 어린 두 조카를 데리고 서울역에서 기차를 타고 예정시간보다 연착되어 어둑해진 정읍역에 내렸더니 폭설이 기차의 발판까지 쌓였다. 고향집에 가는 버스도 끊기고 어디로 가야 할지 몰라서 걱정하다가 정읍에 사는 고향 친구에게 전화했더니 연탄난로 보다 따뜻한 말로 그곳에서 잠을 자고 내일 아침에 출발하라고 마중 나와 주었다. 다음날 시외버스 터미널에 가서 국도 22호선으로 달리는 해안선 버스의 출발을 물어보니 점심식사를 하고 다시 오라고 한다. 정오 지나서 다시 갔더니 버스 운전수는 눈이 많이 쌓여서 언제 출발할지 모른다며 일단 승차하라고 했다. 시내는 길이 뚫렸지만 시외 길은 민방위 대원들이 나와서 눈을 치운 거리만큼씩 버스가 기어갔다. 설경을 구경하며 가는 것으로 위안을 삼았다.

무거운 눈을 이고 이정표를 가리고 있던 가로수들이 버스를 보자 눈을 털어 가지를 올려 주었다. 면 소재지에 내려서 차량들이 오가지 않은 눈 쌓인 빙판길을 걸어서 해가 진 뒤에 고향집에 도착했다. 어머니는 반기면서 오일 장날에 고기라도 사놓지 못한 것을 아쉬워했다. 저녁 식사로 동태찌개를 내놓으셨기에 논산훈련소에서 배가 고파 동태의 머리와 지느러미까지 씹어 먹었고 자대에 가서도 거의 매일 나오는 동태찌개에 물려있다고 타박했는데, 국물을 한 숟갈 떠서 맛을 보는 순간, 세상에서 가장 맛있는 동태찌개는 어머니의 손 맛이라는 것을 새롭게 깨달았다. 그날 두 그릇이나 먹은 동태찌개는 지금도 기억에서 잊히지 않는다. 휴가 오기 얼마 전의 대통령 서거 일에 영문도 모르는 채 비상이 걸려서 데프콘* 단계가 낮아지며 완전군장으로 어둠을 뚫고 밤을 새워 민통선을 지나 GOP 철책 아래에 도착하여 천막을 쳤다. GP 문을 열고 들어가 작전을 수행하는 두어 달 동안 북으로 흘러가는 개울가에 참나무로 뼈대를 세우고 갈대로 이엉을 이어 임시취사장을 짓고 취사병들이 시키는 잡일을 하며 대충 끓인 동태찌개와 비교하면 천당과 지

옥의 차이었다. 휴가 기간 내내 눈과 함께 지냈지만 귀대하고 다음 날 귀대 신고를 연습하던 중에 지프 차에 나를 태워서 높은 분이 계시는 곳으로 모셔 갔다.

눈발이 왈츠 춤으로 그날 내내 흩날렸다

---

* 데프콘(Defcon) : 디펜스 레디니스 컨디션(Defense Readiness Condition)의 줄임말로서, 전투준비태세라고도 한다.

5부

바람의 언덕 51×36cm watercolor on paper

바람의 언덕에서

바람의 언덕*에서

이곳을 지나가는 계절의 높새바람
발꿈치 높이 들고 배추밭을 지나며
이랑을 가르마 타서 숨길을 내고 있다

여러 고개 넘느라 숨이 찬 뭉게구름
커다란 바람개비에 해찰*이 길어지고
어디로 갈 바를 몰라 산마루에 머문다

아토*를 풀어헤쳐 도투락* 펴놓은 길
갈매 빛* 배추들이 한 아름씩 놓여있고
이곳을 지나는 길은 하늘까지 이어진다

* 바람의 언덕 : 강원도 태백시 창죽동 소재
* 해찰 : 하는 일에 집중하지 않고 다른 짓을 함
* 아토 : 선물의 순우리말
* 도투락 : 리본, 댕기의 순우리말
* 갈매 빛 : 진한 초록빛

곰소항에서

신석정 문학관과 매창* 시비詩碑 공원에서
좋은 시를 많이 먹어 배불렀을 하루해가
미련이 많이 남아서 해넘이가 길어진다

곰삭은 젓갈 냄새 하늘까지 진동하여
노을은 바다 위에 군침 질질 흘리고
햇살은 손 길게 뻗어 젓갈 한 입 맛본다

간척지산 차진 쌀로 부지런히 밥을 지어
나그네와 저녁 식사 나누고픈 저녁 해가
11월의 칠산 바다를 아궁이로 불 지핀다

---

* 이매창(李梅窓, 1573 ~ 1610년)은 조선 선조 때의 부안(扶安) 기생. 조선 3대 여류 시인. 본명은 향금(香今), 호는 매창(梅窓) 또는 계생(桂生·癸生), 계랑(桂娘·癸娘) 등으로도 불린다

채석강*에서

당나라의 이태백이 시를 쓰며 놀았다는
중국의 채석강이 격포에도 존재하며
수 만권 쌓아 놓은 책 태백의 시집인가

사람들은 그 책에 관심 없이 지나쳐도
파도는 읽고 싶어 쉬지 않고 들추면서
이백이 놀던 달까지 밝혀놓고 찾는다

몇 권을 몰래 빼내 해식동굴 뚫어 놓고
그 속을 드나들며 무슨 책을 또 찾는지
하얗게 거품을 물고 드나들기 바쁘다

* 채석강 : 전라북도 부안군 변산면 격포리에 있는 경승지

영월에서 1 - 한반도 지형에서

수 백리를 달려온 태고의 강물이
한반도 지형을 정성들여 씻고 있다
남북을 나누지 않고 푸르른 한 나라로

오간재 전망대에 비에 씻은 무궁화가
빛을 다시 찾은 그날의 감격으로
외친다, '대한독립만세' 목젖까지 내보이며

며칠간 비구름에 갇혀있던 뙤약볕이
해방된 기쁨으로 광복절에 뛰어나와
관광객 붙들어 안고 뜨거움을 나눈다

영월에서 2 - 청령포의 관음송

고립무원 청령포에 귀양 간 단종처럼
보고觀 들은 소리音를
육백 년 동안 발설치 않고
가슴이 찢어진 채로 그 자리에 서있다

임금이 강봉되어 신분 낮은 노산군이
소현왕후 보고파서 관음송에 올라서서
서강에 흘린 눈물이 윤슬*로 반짝였다

망향탑 돌 틈새로 붉은 노을 바라보며
왕방연의 통곡과 엄홍도의 시신 수습을
나이테 비밀로 감고 갑옷 입고 서 있다

* 윤슬 : 햇빛이나 달빛에 비치어 반짝이는 잔물결

영월에서 3 - 김삿갓을 만나다

첩첩산중 영월 땅의 삿갓지붕 문학관에
첩첩 쌓인 그의 시가 거나하게 차려졌다
평생을 배곯았을 그, 포만감에 쉬고 있다

주린 배를 채우려고 시 한 편을 써준 걸까
시 한 편 써주고서 주린 배를 채웠을까
시 고픈 방랑객에게 궁금증이 배부르다

시를 찾아 방방곡곡 허기 겨워 돌던 바람
봉분의 고봉밥에 무게 겨워 가라앉아
방문객 건네는 운韻을 귓등으로 듣는다

신두리* 에서

지구의 생성부터 현재의 시간까지
신두리 해안에 역사로 쌓여있다
먼 옛날 우리 조상의 발자국도 묻혔다

서해를 건너온 바람의 숨소리가
시간의 무더기에 물결 무늬 그려놓아
바다도 오르고 싶어 끊임없이 파도친다

문명의 잔해물이 파도에 밀려들어
모래언덕 자락 베고 아무렇게 누워있다
사람도 그곳에 서면 쓰레기로 보인다

* 신두리 해안 사구 : 충남 태안군 원북면 신두리 산 305-1

안면도 1 - 꽃지 해변에서

피 울음 쏟아내는 해당화가 아름다워
'꽃지'라고 불렀던 서글픈 바닷가에
핏물에 젖은 노을이 바닷물에 씻는다

만날 수 없는 연인이 섬이 되어 마주 서서
슬픈 전설 나누는 할매 바위 할배 바위
밀물과 썰물 갈피에 파도 소리 훌쩍인다

삼각대 카메라에 포즈 잡는 연인에게
관광객들 비켜서서 한참을 기다리는데
두 섬과 어깨를 겯고 자세 취한 저녁 해

꽃지 41×31cm watercolor on paper

안면도 2 - '대하랑 꽃게랑' 다리에서

백사장항 갈매기가 안내하는 길을 따라
'대하랑 꽃게랑' 다리를 건너가면
바닷길 드나든다는 '드르니항' 닿는다

영원히 만날 수 없는 두 항구가 만나는
해상 인도교의 정수리에 올라서면
갈매기 나래에 실린 하루해가 가볍다

하늘과 바다가 만나는 서녘으로
오늘의 마침표로 저녁 해가 찍히고
수평선 서로를 잇는 이음표를 긋는다

울산 정자항에서

내장 비운 물고기를 덕장에 널어놓으면
그 고기를 욕심내는 갈매기를 쫓느라고
내장이 다 빠지도록 어느 아낙 소리친다

내장이 텅 빈 객은 고물*에 걸터앉아
횟감의 내장이 비워지길 기다리며
그 목이 등대보다도 핼쑥하게 길어졌다

초장집에 닻 내리고 내장을 채워주니
수평선도 배가 불러 부풀어 오르고
뱃고동 긴 트림 소리 내장에서 울렸다

* 고물 : 배의 뒷부분 ↔ 이물

수원역에서

자정 넘긴 수원역에 어둠이 무겁다
매표구 셔터들도 하나, 둘 눈을 감고
몇몇의 노숙자들은 의자위에 몸 부린다

역 건물 구석진 곳에 몇몇은 둘러 앉아
번갈아 소주 한 잔, 안주로 노래 한 곡
부딪는 박수 소리가 야위어서 거칠다

막차의 승차를 재촉하는 경적 듣고
달려가는 구경꾼의 눈길은 미련 남아
한동안 그날의 장면 잔상으로 떠오른다

백제를 만나다 1 - 공산성*에서

겨울과 봄의 계단을 덥혀주는 2월 햇살
공산성 계단을 하나씩 오를 때마다
체온도 따라 올라서 겉옷 한 겹 벗는다

바람도 숨이 차는 공산정 망루에서
발아래 금강 물이 비단결로 펼쳐지면
풍경이 뛰어 들어가 무늬 절로 수繡놓는다

백제의 병사들이 밟아 다진 판축 토성
쟁여진 땀과 눈물 흙 속에서 풍겨 나와
발걸음 잠시 멈추고 그 냄새를 맡는다

---

* 공산성(公山城) : 사적 제12호. 둘레 2,660m. 웅진성·쌍수산성으로 불린다. 표고 110m의 구릉 위에 석축과 토축으로 계곡을 둘러쌓은 산성이다. 475년 백제 문주왕 때부터 사비로 옮기기 전까지 백제의 정치·경제·문화의 중심지인 공주(웅진)를 보호하기 위해 축조되었다.

백제를 만나다 2 - 무령왕릉에서

역사가 낳아 놓은 고분군의 많은 알이
일제의 약탈로 빈껍데기로 남았어도
무령왕*, 왕비의 능은 황금알로 남았다

백제의 융성기를 이끌었던 대왕 기려
청룡, 주작, 백호, 현무 사방위에 세우고
눈부신 보물 창고를 후손에게 남겼다

남중국의 벽돌 묘에 일본의 금송 관으로
동아시아 아우르는 눈부신 그 보물을
최악의 발굴 작업으로 가마니에 담았다니

---

* 무령왕 : 백제 제25대 국왕[생몰년: 462(개로왕 8)~523(무령왕 23), 재위 501~523]

공세리*의 봄

공세리 성당 주변 붉게 핀 영산홍은
32인 순교자의 슬픔안고 피어있어
순례 객 발걸음 사려 조심조심 딛는다

성당 뒤 '십자의 길'에 새겨놓은 동상들은
예수님의 고난 길을 장면마다 묘사하여
사백 살 느티나무도 고개 숙여 감상한다

공세리 골목길에 마중 나온 수선화는
손 모으고 기도하며 고개 숙여 피어있다
언제나 공세리에는 엄숙하다, 꽃들도

* 충남 아산시 인주면 소재

공세리에서 51×36cm watercolor on paper

시니피에* 1

호주에서 처음 맞은 시드니의 어버이날
교회의 진행표는 카네이션보다 화려한데
모호한 웃픈* 감정이 이곳 날씨 닮았다

위로하는 사람이나 위로받는 사람이나
'부모님' 뜻풀이로 '불효' 먼저 떠오르고
가둬둔 눈물샘 터져 남태평양 범람한다

고국에서 문자로 여기던 시니피앙*이
타국에서 듣노라면 눈물 앞선 시니피에
감정은 원시림 속의 미개척 불모지다

---

* 시니피에[프] signifié : 소쉬르의 기호 이론에서 개념이 언어에 의해서 표시된 표상체. 말에 있어서 소리로 표시되는 의미
* 시니피앙[프] signifiant : 외계(外界)에 의해 인지된 의미를 문자 기호로 표시
* 웃픈 : 웃기기도 하고 슬픈

시니피에 2

시드니의 지명을 우리말로 바꾼다
'King Cross' 네거리를 '왕십리'로 부르니
불야성 찬란한 빛에 십자성이 숨는다

'New Town'
'신촌'일까, '새말'일까
색동의 노선도를 손에 든 아가씨
이대 앞 어느 거리가 익숙하게 떠오른다

한국인이 많으면 'Korea Town'인데
'Strath Field' '큰 골 벌판'이라서
'대한 벌' 이름 짓고서 설렁탕을 맛본다

시니피에 3

Darling Harbour
야외 테라스에서
처음 보는 여인에게
'자기……'
큰 눈이 더 커진다

여기가
'자기 항구'입니다
설명 짧은 뱃고동

마늘빵과 콜라를
식탁에 놓고 보니
콜라에 뜬 얼음처럼
정체성이 모호하다

바람결
김치찌개 냄새에
파도치는 향수병鄕愁病

시니피에 4

오페라 하우스와 하버 브리지를
페리에서 바라보며 거품 이는 감탄사
선상은 각종 언어로 바벨탑을 이룬다

Double Bay 물굽이를 돌아가며
'두 겹 만灣'이라 부르기엔 맞바람이 거세다
b-a-y
창窓의 뜻에서 시야가 트인다

내륙을 바라보는 또 다른 창이 되고
태평양으로 나가는 또 다른 창이 열려
'양면 창'
이름을 붙여 무인도에 남긴다

필리핀 1 - 화산 먼지 신호

필리핀 피나투보 화산 폭발 반경 안에
불탄 후에 자라난 초목들은 키가 작고
길가의 붉은 꽃들도 화산 먼지 분 발랐다

경운기 같은 지프차가 택시로 준비되어
선글라스와 마스크로 얼굴 모두 가렸어도
희뿌연 화산재 가루 입속에서 서걱인다

먼지로 꼬리 달고 뙤약볕을 뚫고 가니
숲 속의 아이들이 길가에 나와 있다
먼지가 그들에게는 좋은 신호 되었다

선교사와 준비했던 과자를 싣고 가며
아이 손에 주거나 길가에 놓아두면서
미국인 선교사에게 손 내밀던 나를 본다

필리핀 2 - 길 없는 길을 가다

인천발 비행기는 길 없는 어둠 속을
별들의 손짓 좇아 네 시간을 달려가서
사월을 오월 초하루로 마닐라에서 바꾼다

선교사가 인도하는 일정을 따라가며
총으로 길을 막은 군부대의 정지선을
한국인 여권번호로 통행 뚫기 어려웠다

빨로공* 강가에서 짚차 택시 갈아타니
울퉁불퉁 튀어 올라 머리가 하늘 닿고
길 없는 강바닥으로 길을 내며 달렸다

화산재 막기 위해 완전무장 갖췄어도
머리부터 발등까지 뽀얗게 분칠하고
물소 떼 멱 감는 이유 확실하게 알았다

아이따족* 찾아가는 이정표가 없어도
저 멀리 산마루에 목적지를 가늠하고
차량이 멈춘 곳부터 구름 따라 걸었다

이름 모를 들꽃들이 마중 나온 세틀러*에
유난히 검은 피부, 곱슬머리 아이들과
찬양과 율동으로서 낯설음을 녹였다

길이 끝난 땅 끝에서 맨발로 사는 그들
해맑은 눈망울에 미소 밝은 그들 보며
천국은 문명이 아닌 오지奧地 속에 존재했다

먹구름 심상찮아 하산 길을 재촉해도
아열대 집중 호우 돌아갈 길 지워놓아
맨발에 엉긴 상념이 진흙보다 무겁다

---

* 빨로공 : 필리핀 피나투보 화산으로 가는 길에 있는 강 이름
* 아이따족 : 필리핀 북부, 루손 섬에 있는 피나투보 화산 주위에 사는 원주민
* 세틀러 : 1991년 3월 ~ 6월 피나투보 화산 폭발 때 떠났던 아이따족 원주민이 돌아와 사는 마을

에필로그

에필로그(epilogue)

　에필로그에서는 내가 글쓰기에 관심을 가지게 된 계기와 우리 민족의 정형시 시조時調를 짓게 된 경위, 그리고 시인으로 등단하게 된 과정 등을 밝히고 이번 시집의 구성을 밝히고자 한다.

　초등학교 2학년에 올라가자마자 담임선생님께서 '2학년이 되어서'라는 글짓기 숙제를 내주셨다. 그것이 처음으로 내 생각을 담은 글쓰기다. 선생님께서는 다른 학생들의 작품을 모두 나누어주고 마지막으로 내 작품을 읽어 주시면서 내용이 참 좋다고 하셨다. 내성적이면서 수줍음 많은 촌놈은 얼굴이 빨갛게 달아올랐다. 글씨를 예쁘게 쓰면 좋겠다고 하셔서 그 후로 글씨를 잘 쓰려고 노력하였다.
　그때 받은 첫 칭찬이 '로젠탈 효과 : 격려 및 칭찬이 좋은 영향으로 미치는 효과'로 이어져 결국 시에 관심을 갖게 된 계기가 되었다. 수년 전에 그 선생님을 뵙게 되어, 선생님 덕분에 시인으로 등단하게 되었다고 말씀드렸다. 그 선생님의 남편도 대학교에서 교수로 재직하셨고 한시漢詩를 강의하시면서 시조를 쓰고 계셨다. 내가 시조를 쓰는 것을 무척 반가

워하셨고 서로의 시집을 교환했다.

　초등학교 3학년에는 그림 그리기 대회에서 수상했다. 그 이후로 학교에서 작성한 생활기록부에는 취미인지 특기인지 그 빈칸에는 '그림 그리기'를 써넣었다. 글짓기보다 그림 그리기에 관심이 있었으나 체계적으로 배운 적도 없고 예술가는 가난하다는 현실의 벽을 넘지 못하고 그 꿈을 접었다.

　그래도 그림에 대한 미련을 버리지 못하고 버킷리스트 1순위로 정했던 그 꿈을 환갑 이듬해부터 실행에 옮겨 지금도 취미로 수채화를 그리며 여러 공모전에 응모하여 수상하고 있다.

　1970년 중학교 1학년에 파월장병에게 위문편지를 썼는데 월남으로 보내기 전에 국어 선생님께서 편지는 이렇게 쓰는 것이라며 국어 수업 시간에 내 편지를 읽어 주셨다. 위문편지의 답장도 전교에서 가장 먼저 받았다. 답장의 서두에 '꿈 많은 소녀, 향기 양에게,'라고 쓰여 있었다. 이 편지 또한 국어 선생님께서 수업 중에 읽어 주시는 바람에 내 별명이 '꿈 많은 소녀'가 되었다.

　나이 들어 수소문해서 그 선생님의 근황을 알아보았더니 정년퇴임 하시고 군산에서 자비로 공립학교를 세워 교장으로 재직하고 계셨다. 그 선생님은 교사로 근무할 때에도 월급의 10분의 1을 장학금으로 내놓아 어려운 학생을 도우셨다.

　첫 시집을 출간하면 만나서 전해드리려고 직접 뵙기를 미루다가 시집을 발간하고 찾아뵈려고 공립학교에 연락했더니 갑자기 돌아가셨다고 했다. 혹시 가족의 연락처라도 알 수 있을까 하여 물어보았더니 개인정보 보호 상 더 이상 알려줄 수 없다고 해서 더 일찍 뵙지 못한 것이 못내 후회되었다. 중학교 졸업 후 서울로 상경해서 여러 공장과 공사판 등에서 일하였고 그 당시에는 기술을 배운다는 명목으로 무보수 이거나 보수가 아주 적었다. 먹고 잘 곳만 있어도 감사하던 시절이었다.

큰형 덕분으로 새벽에 미 8군 등에서 영자英字 신문을 배달하며 뒤늦게 고등학교에 다녔다. 고등학교 2학년 가을 소풍 백일장에서 운문 부분에서 수상했다. 이때 동문회장 장학금까지 받게 되었는데 동문회장 상을 수여하신 선배님은 이미 시인으로 등단하여 활동하고 계셨는데 그 선배님께서 백일장을 심사하셨던 국어 선생님께 나를 소개해 주셨다. 그 선배님은 그 후에 캐나다 토론토로 이민 가셔서 그곳에서 활동하고 계신다.

군 복무 중에도 자유시를 발표하여 게재되기도 했다. 군 전역 후인 1980년대 초에 '중앙일보'에서 매주 토요일에 '금주의 시조時調'의 당선작을 발표했고, '샘터'에서 매달 '샘터 시조'의 당선작을 발표했다. 처음으로 투고한 중앙일보의 '금주의 시조'에 졸 시 '가로수' 그리고 몇 주 후에 투고한 '동백'이 금주의 가작으로 연달아 선정되었다. 수많은 팬레터를 받았는데 팬레터의 절반은 행운의 편지였고, 나머지 절반의 90퍼센트는 남자들로부터 온 편지였다. 그 무렵 '샘터'에 단수 시조 '일상의 부호'가 게재되었고 최종 결선까지 진출했다. '세종대왕 숭모제전 백일장' 등에서 입상하였고 신춘문예에 두어 번 도전했지만 낙선했다.

전역 후에 대학교에 입학하여 처음에는 야간대 행정학과에 합격했으나 형편이 맞지 않아 영어 영문학과로 재입학했다. 대학 시절에는 영미 시보다 영미 소설에 관심이 더 많았다. 특히 단편소설의 구성요소를 분석하며 읽는 재미에 빠져 단편소설을 쓰고 싶었다.

한동안 사는 일에 매여서 글쓰기를 멀리하고 있을 무렵 고등학교 때의 국어 선생님께서 여러 번 등단을 권유하셨다. 미루고 미루다가 1993년 《창조문학》 겨울호에 시조 부분 첫 신인상으로 등단했다. 등단하고 나니 오히려 작품 쓰기가 더 두려웠다. 그 무렵 동시조의 보급과 발전을 위해 노력하는 동인회에 가입하여 '우리 것이 최고여'의 광고가 유행할 때 우리 민족의 정형시, 시조에 대한 자긍심으로 열심을 내기도 했다. 그 시기에 첫 사업으로 개원한 학원이 IMF 외환위기로 어려움을 겪게 되었다. 때마침 장만한 아파트 융자의 고금리와 급격한 수입 감소로 운영하기 위한 빚만 늘어나서 결국 첫 사업을 접었다.

여러 아픔을 잊고 새로운 삶을 시작하려고 시드니로 갔는데, 그곳에서 새롭게 깨달은 사실은 모국어로 자유롭게 대화를 나누고 글을 쓰는 것이 참으로 행복한 것이었다. 약속으로 정해진 사람을 만날 때는 예상 문답을 준비하고 그 상황에 맞는 영어 어휘를 미리 공부하는 것은 스트레스였고 어려움이었다.

국내에 독서 논술이 유행하기 시작하여 함께 학원을 운영하자던 후배 원장의 권유에 귀국을 결심하였다. 호주에서의 경험을 바탕으로 삼아 내 나라에서 모국어로 자유롭게 글을 쓰는 것을 진심으로 감사하게 생각한다.

삶의 여정에서 몇 번의 우여곡절을 겪는 바람에 기억을 삭제하면서 많은 작품도 삭제되었다. 더러는 저장된 컴퓨터에서 날개도 없이 날아가기도 했다.

그래도 그동안 여기저기에 발표한 작품들이 남아 있어서 제1시집으로 묶었고 남은 작품이 세 권으로 묶을 분량은 되었다.

이번 시집의 구성은 총 5부로 나누고 각부는 20편씩 총 100편의 시를 엮었다.

첫 번째 시집은 향토적 서정과 모정(母情)에 관한 시가 주를 이루었다면 이번 시집은 계절적으로 나누어서 1부에는 봄, 2부에는 여름, 3부에는 가을, 4부에는 겨울로 나누어 그 계절과 연관성이 있는 작품 위주로 묶었다. 5부에는 넣을 것이 너무 많아서 어떤 것을 넣을까 고민하다가 여행에서 보고 느낀 생각이나 감상에 관한 시가 많아서 해소 차원으로 넣기로 했다. 기행 시를 쓰지 말라는 시인도 있지만 새로운 곳에 가면 방문한 기념으로 돌아와서 꼭 시조 한 수 이상을 쓰던 시절이 있었다.

지난 시집에도 이번 시집에도 들지 못한 나머지 200여 편의 작품들의 아우성이 많으나 다음 시집의 출간을 되도록 이른 시일에 진행할 예정이니 좀 더 기다리라며 달래본다.

한 권의 시집으로 묶기 위해 몇 작품 정도 모자라면 작정하여 몇 편 써서 채우면 되지만 너무 많이 남으면 오히려 선별하기가 더 어렵다. 물론 퇴고하고 퇴고해도 맘에 들지 않아 내려놓은 작품도 많이 있다.

사실 최근에는 그림 그리기에 감성을 몰입하다 보니 시상詩想이 나타났다가 곧 바로 안아주지 않으면 토라져서 어딘가로 멀리 떠나서 돌아오지 않는다. 바로 정리하지 못하는 변명을 나이 든 탓과 코로나 감염 이후의 후유증으로 쉽게 기억이 나지 않는 탓으로도 돌린다.

더욱 노력하여 더 좋은 작품으로 다음 시집을 엮도록 준비할 것이다.

이번 시조 시집을 출간하도록 도움을 주신 '천안시'와 '천안문화재단' 관계자 여러분께 감사드린다.

'하늘문학회'에서 더 좋은 작품을 쓰기 위해 함께 노력하는 문우들에게도 감사드린다.

2023년 여름에
꿈 많은 시인 화가 김향기

하나로 선
-사상과 문학 시인선-

도끼를 수채화

초판발행 2023년 8월 14일

지 은 이 김향기

펴 낸 이 박영률
펴 낸 곳 하나로 선 사상과 문학사
인쇄기획 엔크

출판등록 제2012-000301호
주　　소 서울시 마포구 토정로 198 영풍@ 101동 상가 204호
전　　화 02) 326-3627
팩　　스 02) 717-4536

메일주소 holyhill091@hanmail.net

I S B N 979-11-88374-47-2　03810
정　　가 13,000원

*인지는 저자와 합의하에 생략하며 잘못된 책(파본)은 교환해 드립니다.

* 이 시집은 천안시와 천안문화재단에서 발간비용 일부를 지원받았습니다.